Caminhos da ALFABETIZAÇÃO

1ª Edição 2020

Presidente: Paulo Roberto Houch
MTB 0083982/SP
Edição: Priscilla Sipans
Programadora visual: Evelin Cristine Ribeiro
Coordenação pedagógica: Izildinha H. Micheski
Imagens: Shutterstock
Impresso no Brasil.
Foi feito o depósito legal.

1ª Impressão

Dados Internacionais de Catalogação na Publicação (CIP)
(eDOC BRASIL, Belo Horizonte/MG)

O58c   On Line Editora.
        Cartilha caminhos da alfabetização: letra cursiva / Equipe On Line Editora. – Barueri, SP: On Line, 2020.
        64 p. : il. ; 20,5 x 27,5 cm

        ISBN 978-65-5547-165-6

        1. Alfabetização. 2. Educação de crianças. I. Título.
                                  CDD 370

Elaborado por Maurício Amormino Júnior – CRB6/2422

Direitos reservados à
IBC – Instituto Brasileiro de Cultura LTDA
CNPJ 04.207.648/0001-94 Avenida Juruá, 762 – Alphaville Industrial
CEP. 06455-907 – Barueri/SP Vendas: Tel.: (11) 3393-7723 (vendas@editoraonline.com.br)
Visite nossa loja www.revistaonline.com.br

ORIENTAÇÕES SOBRE COMO SEGURAR O LÁPIS

POR IZILDINHA H. MICHESKI

O CAMINHO DA ALFABETIZAÇÃO PRECISA SER CONSTRUÍDO PASSO A PASSO, DE MANEIRA A RESPEITAR OS TEMPOS DE VIDA DA CRIANÇA E ATENTAR, TAMBÉM, PARA A SUA MODALIDADE DE APRENDIZAGEM. DETALHES QUE PASSAM DESPERCEBIDOS PODEM GERAR TRANSTORNOS NO DESENVOLVIMENTO DO PROCESSO DE ALFABETIZAÇÃO, BEM COMO NO COMPROMETIMENTO DE ORDEM FUNCIONAL. UM DELES É A MANEIRA INADEQUADA DE "PINÇAR" O LÁPIS, QUE PODE ACARRETAR PREJUÍZOS NO DESEMPENHO DO ATO DE ESCREVER.

ORIENTAR A CRIANÇA NESSE EXERCÍCIO PARA O DESENVOLVIMENTO DA MOTRICIDADE REQUER PACIÊNCIA E DEDICAÇÃO, CONSIDERANDO QUE "PINÇAR" O LÁPIS DE MANEIRA ADEQUADA É UM DESAFIO PARA A CRIANÇA QUE AINDA NÃO TEM ESSA HABILIDADE PLENAMENTE DESENVOLVIDA. ALÉM DISSO, A CONSTRUÇÃO DA ESCRITA É COMPLEXA E IMPLICA NO ENVOLVIMENTO DE DIVERSAS ESTRUTURAS. ALGUNS CUIDADOS PODEM AUXILIAR OS PEQUENINOS NO DESENVOLVIMENTO DESSA PRÁTICA:

- O LÁPIS DEVE PERMANECER ESTÁVEL ENTRE OS DEDOS;
- O POLEGAR E O INDICADOR SÃO USADOS PARA SEGURAR O LÁPIS, ENQUANTO O DEDO MÉDIO SERVE PARA APOIÁ-LO;
- O DEDO ANELAR E O MÍNIMO FICAM DOBRADOS DE MANEIRA CONFORTÁVEL SOBRE A MESA;
- O IDEAL É MANTER UMA DISTÂNCIA DE 2 CENTÍMETROS ENTRE A PONTA DO LÁPIS E O POLEGAR;
- O PULSO DEVE ESTAR LIGEIRAMENTE VOLTADO PARA TRÁS, COM O ANTEBRAÇO EM POSIÇÃO DE DESCANSO.

ACESSÓRIOS DE APOIO

CASO A CRIANÇA NÃO TENHA RECEBIDO ESSA ATENÇÃO NO PROCESSO INICIAL DE ESCOLARIZAÇÃO E, EM DADO MOMENTO, É PERCEBIDO QUE ELA SEGURA O LÁPIS DE MANEIRA ERRADA OU APLICA TÔNUS EM DEMASIADO, HÁ RECURSOS QUE PODEM AUXILIAR NESSE REPARO, COMO A UTILIZAÇÃO ORIENTADA DAS BORRACHAS COM ENCAIXE PARA O LÁPIS, GIZ DE CERA E OUTROS ACESSÓRIOS QUE TENHAM FORMATOS ANATÔMICOS.

É HORA DE FIRMAR A MÃO! LIGUE OS TRACEJADOS,
SEGUINDO CADA SETA PARA PRATICAR UM NOVO MOVIMENTO.

AGORA, DESLIZE PELOS MOVIMENTOS ABAIXO, SEGUINDO AS SETAS COM CAPRICHO.

É HORA DE PRATICAR A CALIGRAFIA DAS LETRINHAS CURSIVAS MAIÚSCULAS E MINÚSCULAS!

Avião

avião

Boneca
boneca

Cachorro
cachorro

Dado

dado

Elefante
elefante

Foca
foca

Gato

gato

Hiena
hiena

jacaré
jacaré

Kiwi
kiwi

Leão
leão

Macaco

Macaco

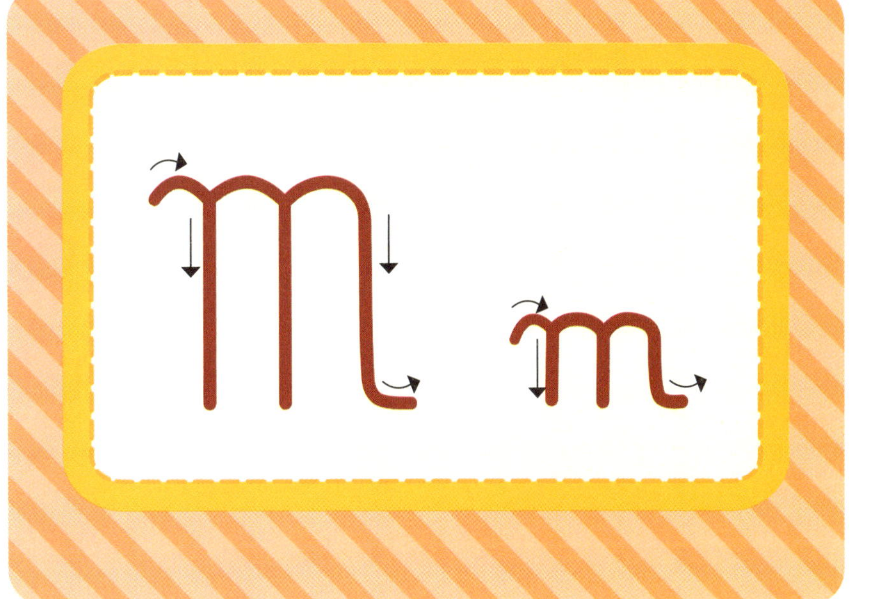

Navio
navio

Ovo
ovo

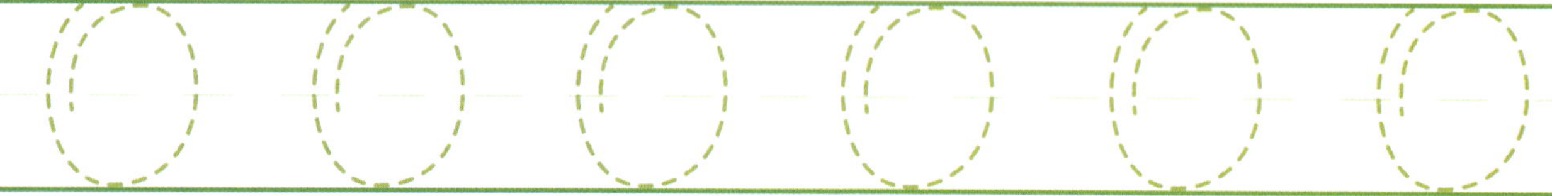

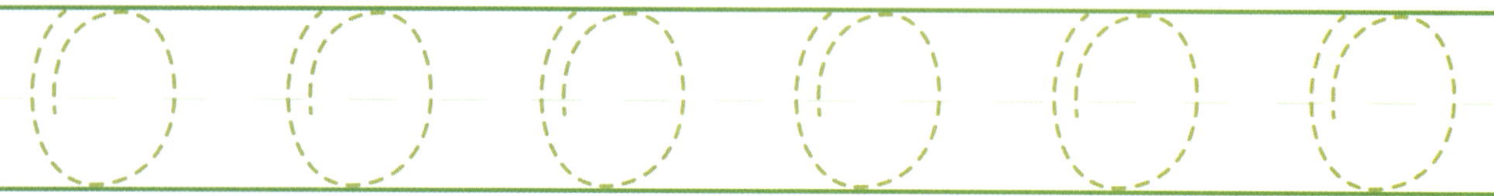

Peixe
peixe

Queijo

queijo

Rei

rei

Sapo

sapo

Tomate
tomate

Uva

uva

Vaca
vaca

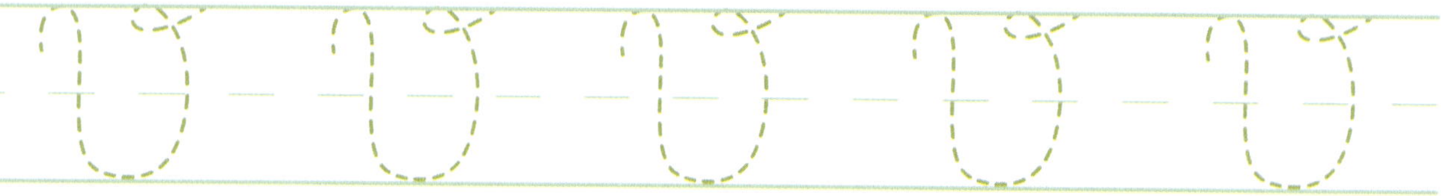

Wi-fi
wi-fi

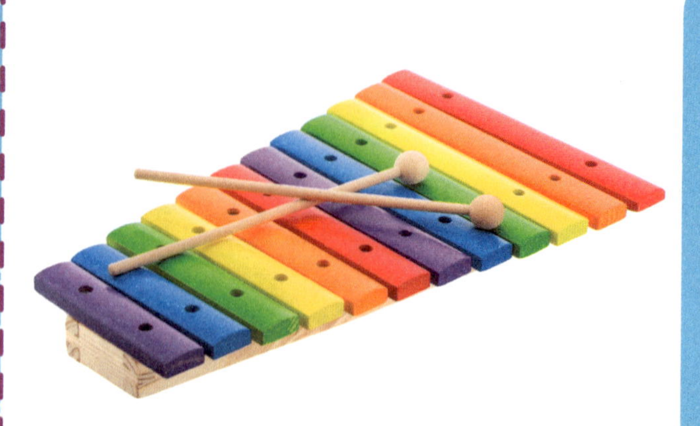

Xilofone
xilofone

Yakissoba
yakissoba

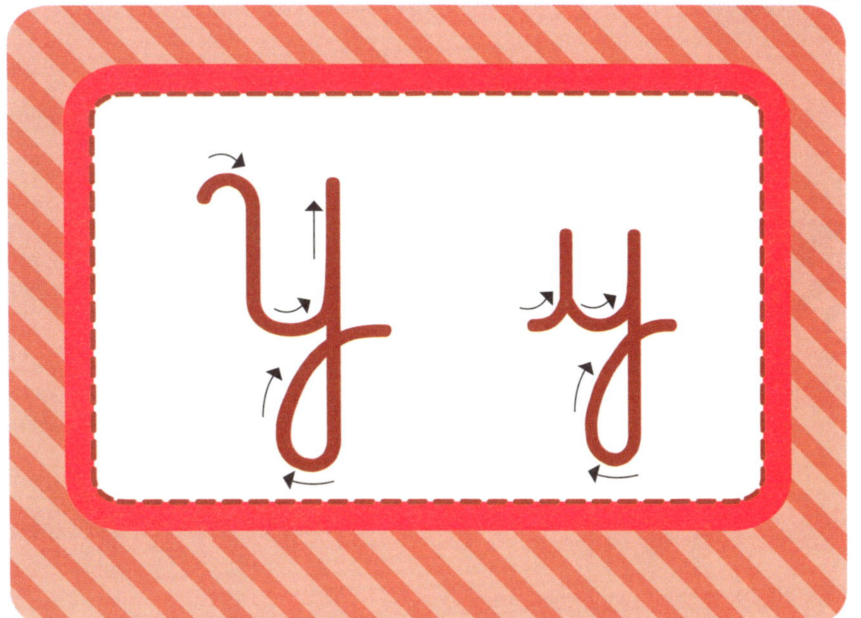

Zebra
zebra

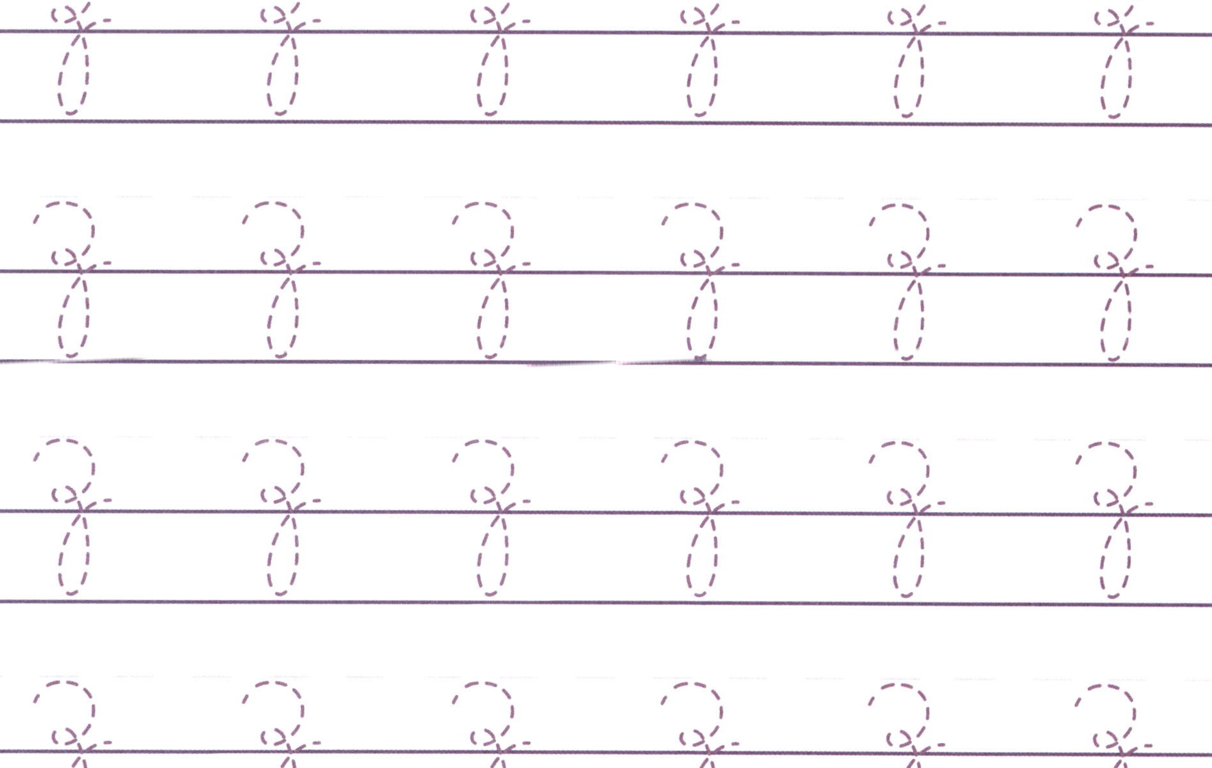

Ba	Be	Bi	Be	Bu	Bãe
ba	be	bi	be	bu	bãe

Ca	Ce	Ci	Ce	Cu	Cão
ca	ce	ci	ce	cu	cão

Da	De	Di	De	Du	Dãe
da	de	di	de	du	dãe

| Fa | Fe | Fi | Fe | Fu | Fã |
| fa | fe | fi | fe | fu | fã |

| Ga | Ge | Gi | Ge | Gu | Gã |
| ga | ge | gi | ge | gu | gã |

| Ha | He | Hi | He | Hu | Hã |
| ha | he | hi | he | hu | hã |

fa fe fi fo fu fão
fa fe fi fo fu fão

la le li lo lu lão
la le li lo lu lão

ma me mi mo mu mão
ma me mi mo mu mão

Ra	Re	Ri	Ro	Ru	Rão
ra	re	ri	ro	ru	rão

Sa	Se	Si	So	Su	São
sa	se	si	so	su	são

Ta	Te	Ti	To	Tu	Tão
ta	te	ti	to	tu	tão

Va Ve Vi Vo Vu Vão
va ve vi vo vu vão

Ma Me Mi Mo Mu Mão
ma me mi mo mu mão

Ga Ge Gi Go Gu Gão
ga ge gi go gu gão

COMPLETE A SEQUÊNCIA ALFABÉTICA, LIGANDO OS PONTILHADOS COM MUITO CAPRICHO.

Aa	Bb	Cc	Dd
Ee	Ff	Gg	Hh
Ii	Jj	Kk	Ll
Mm	Nn	Oo	Pp
Qq	Rr	Ss	Tt
Uu	Vv	Ww	Xx
Yy	Zz		